图说杨式太极剑

崔仲三　编著
崔毅士　亲授

人民体育出版社

作者简介

　　崔仲三，中国杨式太极拳第五代传人，中国武术八段，非物质文化遗产传承人，中央国家机关太极拳协会教练，中国人民对外友好协会理事，北京市人民对外友好协会理事，多所高等院校客座教授，多省市太极拳协会顾问，北京市武术协会理事，北京永年太极拳社社长。

　　崔仲三先生是杨式太极拳一代名家崔毅士的嫡孙，自幼在祖父的严格教导下专习杨式太极拳。2008年奥运会期间在1200人的太极拳、太极扇鸟巢表演活动中，担任总编导、总指挥；2009年在纪念奥运会于我国成功举行一周年地，担任创吉尼斯世界纪录的33996人同舞太极活动总教练；2015年5月在北京天坛公园举行的国务院总理李克强与印度总理莫迪共同出席的"太极瑜伽相会"中印文化交流活动中，担任200人太极拳表演总教练。

　　2013年获《中华武术》杂志30年最具武术影响力人物（传统武术太极拳类）殊荣；2013年被评为北京市朝阳区非物质文化遗产杨式太极拳代表性传承人；2015年10月世界太极拳网和《中华武

术》《武当》《武魂》杂志联合主办的"我最喜爱的中华太极人物（三十人）"网络评选活动中，荣获"最受欢迎的中华太极人物"奖、"中华太极优秀人物"奖及"太极新媒体影响力人物"奖；入选2016年"陈家沟·世界太极名人墙"，进行手模采集和题词；荣获传统武术2016年度人物网络评选十大名师奖；2016-2017年连续参加第一、第二届世界太极文化节，并在"世界太极拳导师大讲堂"讲座和"传统杨式太极拳核心要领传真"演讲；2017年受邀赴马尔代夫，是中国太极名家在马尔代夫传授太极文化第一人；2017年成为唯一一位连续十二届参加由《中华武术》杂志和国家武术运动管理中心联合主办的"中华武术大学堂名家讲堂"活动的太极名家，获得"太极名家大讲堂"颁发的"突出贡献"奖及唯一的"金牌导师"奖。聘为北京大学北大武术研究中心研究员；聘为北京体育大学武术院、龙象天和"中国太极拳标准教学及养生康复功用研究组会议"研究员；聘为东北师范大学体育学院、邯郸学院、云南民族大学国际太极学院以及中国太极拳职业教育中心等多所大学院校座教授和专家。

长年在全国各地传授太极拳，并受聘为各地武协名誉主席、顾问；在"送武术进基层""送武术进社区""送武术进校园"等活动中为推广太极拳做出了积极的贡献，所到之处掀起学练太极热潮。多次出访美国、日本、德国、马尔代夫以及台湾、香港等国家和地区。

为普及和推广太极拳，撰写出版《传统杨式太极拳教程》《太极刀》《学练二十四式太极拳》《学练三十二式太极剑》《16式太极拳》《18式太极剑》《传统杨式太极拳入门》《杨式太极拳体用图解》《杨式太极拳剑》《26式传统杨式太极拳》《崔毅士太极经典传真》等专著；出版《传统杨式太极拳108式》《传统杨式太极拳56式 》《传统杨式太极拳56式拆招》《传统杨式太极剑68式 》《传统杨式太极刀》《杨式太极大杆精粹》《学练杨式太极拳竞赛套路》《学练42式太极拳》等教学光盘。

剑是心中的勇气

余功保

剑是中国武术最重要的器械之一，剑最重要的不是有杀气，而是要有锐气，最核心的是要有勇气。

剑为君子。练拳，重在养气；练剑，重在养心。太极剑，乃以君子之心、壮士之气，养兵之精锐之力，修勇毅之心力。剑练好了，心中十足的勇气便得到发挥，这是武学"变化气质"的精妙。

每个人心中都有一把剑，有的只是深藏起来而已。

杨式太极拳名家崔仲三老师出版新书《图说杨式太极剑》，邀我写序。我对剑素有爱好。中国文化无论文武，对剑的推崇千年如一。

太极剑为君子之器，习之须有君子之心。气急浮躁者，不能练好太极剑。太极剑好学不好练，随便比划几下，学成一个套路容易，然得其精要，练得神形兼备、剑气合一，很难。练太极是应该练一练器械的，器械为拳之用，在练器械的过程中，会对太极拳的要领有更深的理解。

练好太极剑，一要有静气，有静气才能练好太极拳，才能会了太极剑的意；二是有灵气，有灵气才能进入太极拳的境，才能领悟太极剑的法和诀；三是有勇气，有勇气才能运好太极剑的势，才能发挥太极剑从容、稳定、坚韧的内在品质。

崔仲三老师出生武学名门，长期精修太极拳、械功夫，且儒雅有度，深合剑意。其太极拳、剑受到海内外太极拳爱好者的热烈欢迎，本次《图说杨式太极剑》的出版，相信为广大太极剑习练者又提供了一个优秀的教学范本。

2018年5月于北京

（注：本文作者系著名武术文化研究专家，毕业于北京大学，长期在国家武术主管部门担任管理、研究工作，为世界上第一本太极拳辞典的作者）

自　序

　　我出生在北京的一个太极世家，是北京杨式太极拳嫡传之人。我的祖父崔立志（字毅士），1892年生于河北任县，1970年故于北京。祖父自幼酷爱武术，1909年慕名进京拜杨澄甫先生为师，成为入室弟子，列入门墙，为杨式太极拳第四代正宗传人，从此开始了太极生涯。毕生练功和授拳研修的实践，使祖父的技艺达到了炉火纯青的境界，在毕生的习武和教学中，他积累了丰富的教学经验并加深了对太极拳运动的理解，为继承和发扬宝贵的民族文化遗产做出了卓越的贡献，因此，享有杨式崔派太极之美誉。

　　自幼年起，我就随祖父习练传统杨式太极拳，祖父对我要求非常严格，尽管年龄小，但每次练习也都要达到一定数量和规定的标准，在练习太极拳的基本功时更是如此。"搂膝拗步"是太极拳功法中最具代表性的动作，它看似简单，但按要求达到标准并非易事。祖父为了引导和鼓励我练拳，每次练"搂膝"时，都要买来一串山楂糖葫芦，每练完一圈（30～40个动作）才允许吃一粒山楂，要想吃糖葫芦必须按规定、按要求练完才能吃到。现在想起来，日后参加比赛所取得的成绩均得益于祖父的严格要求和扎实的基本功。从四岁起，祖父就教我练习传统杨式太极拳，因深得祖父偏爱与教诲，秉承家传，全面掌握太极拳、械及推手，才继承了祖父"拳架舒展大方，匀缓柔和，轻灵沉稳，刚柔相济，意在其中"的风范。

　　如今，我习练杨式太极拳已60余年，自1957年首次参加北京市太极拳比赛并获得青少年组冠军起，就开始了我的太极生涯。几十年的太极拳修炼和教学中，谨遵祖父教诲，不断锤炼、完善自己，提高自己对太极拳的体悟、理解和修为，且努力把太极拳的内涵、理论、功法等比较完整的知识体系倾囊运用到教学过程中，不断提高自己的功力和教学水平。

时光荏苒，岁月如梭。为更好地传播和弘扬"杨式太极文化"，系统整理自己毕生习练与传承的太极经典，此番特别编写一套"杨式太极经典流传"系列丛书，以回馈予广大杨式太极拳爱好者。《图说杨式太极剑》一书是此套丛书中的第一本，它以一种全新的构思进行编纂，重点在于"图说"二字。每个动作名称出现都以详尽的分解动作画面为主说明动作的过程，力求每位练习者通过动作画面达到尽快掌握动作的目的；同时又创编了"分解动作名称（教学口令）"，这样就更有助于教学和练习者掌握动作；以汉语拼音注音，便于国际友人学习使用；配以微信二维码，读者可随时观看视频更直观地学练。

传统杨式太极剑的动作演练速度一般来讲属于中速或慢速，其表现的韵味是庄重的、华贵的、稳健的，非常的大气。在动作演练过程中充分体现出传统杨式太极拳"腰为主宰"的动作理念，充分地表达出以腰带身、以身带剑、以剑领神之身械协调和剑法、剑力贯穿一气的韵味。传统杨式太极剑在演练过程中，注重身法的变化是精髓，强调步法的变化是主宰，突出剑法的变化是形式，体现剑力是关键。在几十年的太极拳（剑）研修中，我积累了对太极拳（剑）的深刻体悟和教学经验，同时也深深地感受到太极拳爱好者对传统杨式太极拳（剑）的喜爱。为了使广大太极拳（剑）爱好者更简便、直观地了解、学习传统杨式太极剑套路，试以"图说"方式介绍，以期达到简单明了、易学易记的目的。

仅以此书献给广大太极拳爱好者。

崔仲三

2018年6月

目　　录

第一章 传统杨式太极剑规范教学

一、传统杨式太极剑风格特点

传统杨式太极剑是传统杨式太极拳系中一个重要组成部分。它是在传统杨式太极拳拳术套路的基础上，结合剑术的剑法与剑力的体现而形成，因而具有独特的风格和特点。传统杨式太极剑套路是以刺、劈、点、撩、截、挂、挑等剑法，配合步型、步法、平衡、跳跃等动作构成的套路，其运动特点是：剑法清晰，轻灵洒脱，气势流畅，身法矫健，柔中寓刚，富有韵律。

杨式太极剑的风格及运动特点要求：

（1）神舒体静：内外相合，立身中正，舒展大方。意念导引，动中求静。

（2）轻灵沉稳：柔中寓刚，轻而不浮，沉而不僵，转接柔顺。

（3）连绵舒缓：行云流水，绵绵不断，运转圆活，节奏平稳。

（4）剑法清晰：身剑协调，虚实分明，身与剑合，神形兼备。

二、剑的结构及各部位名称

太极剑由剑身、剑格、剑柄、剑首、剑穗等部分组成。剑身又分剑尖、剑峰、剑刃和剑脊。剑的长度一般以本人直臂反手持剑，剑尖高不过头、低不过耳为宜。

1. 剑身　锋利的金属部分。

2. 剑刃　剑身平面两侧锋利的薄刃部分。

3. 剑尖　剑身锋锐的尖端。

4. 剑峰　剑尖两侧薄刃部分。

5. 剑脊　剑身平面隆起的部分。

6. 剑柄（剑把）　手握木质的部位。

7. 护手（剑格）　剑柄与剑身相隔的突出金属部位，多成V形或∧形。

8. 剑首（剑墩、剑镡）　剑柄后端的突出部分。

9. 剑穗（剑袍）　系在剑首上的丝织的穗子。

10. 剑面　扁平剑身形成的上下平面。

三、剑的基本握法和剑指

在传统杨式太极剑术套路中，剑法是表现剑术技巧与剑力的关键。剑法运用是否得当、剑力表现是否合理，都与剑的把握即握剑的方法有密切的关系。因此，握剑的方法又是非常值得重视的问题。在套路演练时由于动作过程的不同，剑的动作方位不同，剑法的变化也不尽相同，因此剑力的表现部位也绝不相同。所以，剑的把握的微妙的变化，与力量的大小，以及肩肘、腕、指的展伸、屈收、旋转都分不开，只有恰倒好处，才能通过变换剑法把剑力表现出来。

剑指在传统杨式太极剑套路中也起到非常重要的作用。运用剑指配合剑法，可以助势用力，平衡稳定身体重心，同时使动作表现更加优美，增强剑术的技巧表现和神韵。

1. 左手抱剑　左手自然舒展开，虎口对准剑的护手处，拇指由护手上方向下，中指、无名指和小指由护手下面向上，两者相对握住护手，食指伸直贴附于剑柄上，剑身平贴于左臂前侧。

2. 左手背剑　左手自然舒展开，虎口对准剑的护手处，拇指由护手上方向下，中指、无名指和小指由护手下面向上，两者相对握住护手，食指伸直贴附于剑柄上，剑身平贴于左前臂后侧。

3. 右手握剑　右手自然舒展开，拇指和食指靠近护手将剑把握紧，其他三指自然松握，以拇指的根节和小指外沿的掌根部位控制剑的活动。

4. 正握剑　五指平卷屈握，使剑刃朝上下，虎口对上刃。多用于劈剑、刺剑、斩剑、扫剑等。

5. 反握剑　手臂内旋或外旋，拇指支于剑柄下方，中指、无名指、小指向下勾压，使剑刃朝上下。多用于撩剑、探刺剑等。

6. 提握　肘关节微屈，右手满把握剑。多用在身体一侧做藏剑式。

7. 垫握　左手为掌，手心向上，平托在右手下做助力或控制方向，使剑刃朝左右。多用于平刺、下刺等。

8. 仰握　右手正握剑，掌心向上，平剑身。用于平刺、引剑、正手平刺等。

9. 俯握　右手正握剑，前臂内旋，掌心向下，平剑身。用于带剑、反手平刺等。

10. 满把剑（死把剑）　左、右手全掌指满握剑。用于扫剑、撩剑等。

11. 活把剑　右手握剑，拇指、食指控制剑身，其余三指辅助发力。多用于带剑、抽剑、挂剑等。

12. 剑指　食指与中指并拢伸直，其余三指屈握掌心，拇指压在无名指和小指第一关节上。

四、剑法与剑力

剑法是指剑术套路中剑的变化所采用的方法；剑力是剑术套路中

力在剑身不同位置的表现。

1. 刺剑　立剑或平剑身，向前直出；臂由屈而伸，与剑成一直线；力达剑尖。

2. 平刺剑　高与胸、肩平，立剑或平剑身；力达剑尖。

3. 上刺剑　剑尖高与头平，平剑身；力达剑尖。

4. 下刺剑　剑尖高与膝、踝平，平剑身；力达剑尖。

5. 探刺剑　右臂内旋，转动掌心朝外，经肩上侧向前上方或下方立剑刺出；力达剑尖。

6. 劈剑　剑刃自上向下做立圆轨迹向前下劈；臂与剑成一直线，力达剑身下刃。

7. 正撩剑　立剑刃，臂外旋，转动掌心向上，剑由下向前上方贴身弧形撩出，为正撩；力达剑前部上刃。

8. 反撩剑　立剑刃，臂内旋，转动掌心向上，剑由前上向下方贴身弧形撩出，为反撩；力达剑前部上刃。

9. 挂剑　立剑刃由前向下、向同侧或异侧后方贴身挂出；力达剑身前部上刃。

10. 点剑　立剑刃，使剑尖由上向前下点击；臂自然伸直，提腕；力达剑峰。

11. 扫剑　转腰摆臂，平剑身向左或向右平扫；力达剑外刃。

12. 带剑　平剑，由前向左或向右屈臂回抽；腕高不过胸，剑尖朝前；力达剑外刃。

13. 截剑　平剑身，斜向上或斜向下快速拦截；力达剑身前部外刃。

14. 抽剑　立剑刃，由前向后上方或后下方抽回；力点沿剑刃滑动。

15. 托剑（架剑）　剑身平置立刃，由下向上托架，掌心朝外，腕与头平；力达剑身后部上刃。

16. 左拦剑　立剑刃，臂内旋，由右向左前方斜出；腕与头平，剑尖朝左前；力达剑上刃。

17. 右拦剑　立剑刃，臂外旋，由左向右前方斜出，剑尖朝右前下，立剑斜向前上方拦架，腕与头平；力达剑上刃。

18. 斩剑　平剑刃，向右横出，高度在头与肩之间；力达剑身外刃。

19. 削剑　平剑刃，向左上方斜出，手心斜朝上，高度在头与肩之间；力达剑身外刃。

20. 崩剑　立剑刃，沉腕，使剑尖向上，发力于腕；力达剑锋。

21. 绞剑　平剑刃，自胸前顺时针或逆时针向前划弧一周，再收于胸前；手心朝上，剑尖朝前；力达剑身前部。

22. 捧剑　平剑刃或立剑刃，两手在体前相合捧抱。

23. 压剑　平剑刃，手心朝下，向下压剑，剑尖朝前；力达剑身下面。

24. 云剑　平剑刃在头前上方或头顶平圆绕环；力在剑刃。

25. 抹剑　平剑刃，从一侧经体前弧形向另一侧回抽，腕与胸平；剑尖朝异侧前方；力点顺剑刃滑动。

26. 挑剑　立剑刃使剑尖由下向上挑起；力点在剑刃前端。

27. 穿剑　平剑刃或立剑刃，沿腿、臂或身体向不同方向穿出；力点在剑尖。

28. 击剑　平剑刃向左、右上方斜出，手心朝上；高度与太阳穴平，力达剑锋。

五、步型与步法

1. 并立步　两脚并立，脚尖朝前，身体自然直立。

2. 开立步　两脚平行开立，脚尖朝前，屈膝下蹲或自然直立，两脚外缘同肩宽。

3. 收脚　重心右移，左脚轻轻提起回收，身体自然放松，目视前方。

4. 迈步　一腿屈膝支撑，另一腿提起经支撑腿内侧向前上步，脚跟先着地，随着重心前移，全脚掌着地踏实。

5. 弓步　前腿屈膝，全脚掌着地，脚尖直向前，膝与脚尖基本垂直，膝部不得超过脚尖；后腿自然伸直，膝关节微屈，脚尖内扣，与前进方向成45°，两脚横向距离10～30厘米。

6. 虚步　一腿屈膝半蹲，全脚着地踏实，脚尖朝斜前45°，膝与脚尖在同一方向；另一腿微屈，前脚掌踏地或脚跟落地。

7. 歇步　两腿交叉，屈膝半蹲，前脚尖外展，全脚着地；后脚尖朝前，膝部附于前腿外侧，脚跟离地，臀部接近脚跟。

8. 独立步　一腿自然直立；另一腿屈膝提起，膝关节高于水平，脚尖自然下垂。

9. 侧弓步　两脚左右开立，同弓步宽，脚尖皆向前；一腿屈蹲，膝与脚尖垂直，另一腿自然伸直。

10. 上步　后脚向前一步或前脚向前半步。

11. 退步　前腿后退一步。

12. 撤步　前脚或后脚向后退半步。

13. 盖步　一脚经支撑脚前横落。

14. 跟步　后脚向前跟进半步，前脚掌先着地。

15. 坐盘　一腿提起向前横落，脚尖外撇，两腿膝关节屈曲、交叠贴紧，后脚跟离地，身体重心落于两腿。

16. 跳步　前脚蹬地跳起；后脚前摆落地。

17. 垫步　一腿屈膝支撑，另一脚于体前脚跟落地。

18. 坐步　一腿屈膝支撑，重心在支撑腿，脚尖与前进方向成45°；另一腿自然伸直，膝关节微屈，双脚踏实，双脚间横向距离为20～30厘米。

六、身法

1. 头　虚领顶劲，下颌微收，不可偏斜或摇摆。

2. 颈　自然竖直，肌肉不可紧张。

3. 眼　目视前方或动作的方向，精神贯注，势动神随，神态自然。

4. 肩　保持松沉，不可后张或前扣。

5. 肘　沉坠下垂，自然弯曲，不可僵直或扬起。

6. 胸　自然舒松，微内含，不可外挺或内缩。

7. 背　自然放松，舒展拔伸，不可弓背（驼背）。

8. 腰　自然放松，以腰为轴带动四肢，不可后弓或前挺。

9. 脊　保持自然伸直，不可右左歪斜，前俯后仰。

10. 臀　向内收敛，不可外突或摇摆。

11. 胯　松正缩收，不要僵挺或左右突出。

12. 膝　伸屈要柔和自然，膝关节要与脚尖同向。

七、眼法

1. 随视　思想集中，意念引导，眼神随手法、身法变化协调配合。

2. 注视　精神贯注，神态自然，眼平视前方或两手。

八、剑术礼仪

1. 背剑礼　左手持剑，屈臂，使剑身贴前臂外侧，斜横于胸前，刃朝上下；右手拇指屈拢成斜侧立掌，以掌根附于左腕内侧。两腕部与锁骨窝同高，肘略低于手，两臂外撑，目视受礼者。

2. 提剑礼　右手虎口向上握剑柄，使剑身向下垂直，剑刃朝左右（尖朝下），右臂屈举于胸前；左手成立掌，掌心与右手指根节相贴，左掌根连线与右手虎口平齐。两臂外撑，肘略低于手，两手与锁骨同高，目视受礼者。

3. 递剑礼

（1）双手托剑递（练习者用此法）：并步直立，左手托护手盘，右手托剑前身，使剑横托于胸前，剑尖朝右；目视接剑者。

（2）垂剑捧递（练习者用此法）：并步直立，双手捧住护手盘，使剑身下垂，剑刃向左右；目视接剑者。

（3）提剑递（长辈、同辈之间可用此法）：右手拇指、食指、中指捏握剑柄后部，伸臂举于体前，使剑身下垂，剑刃朝侧方；目视接剑者。

4.接剑礼

（1）双手接"双手托剑递"（教者接剑）：并步直立，左手掌心向上，托剑于递剑者两手之间，右手手心向下握剑柄；目视右手接过。

（2）单手接"垂剑捧递"（教者接剑）：并步直立，左手虎口朝上握剑柄（靠近护手盘处），目视左手接过，然后交右手握剑柄持剑。

（3）单手接"提剑递"（同辈之间用此法）：并步直立，左手虎口朝上握剑柄（靠近护手盘处），目视左手接过，然后交右手握剑柄持剑。

（4）双手捧接"提剑递"（学者接剑）：并步直立，双手掌心向上捧住护手盘，目视两手接过，然后交右手握剑柄持剑。

九、传统杨式太极剑练习谈

传统杨式太极剑的动作演练速度一般来讲属于中速或慢速，表现的韵味是庄重的、华贵的、稳健的，非常的大气。在动作演练过程中充分体现出传统杨式太极拳"腰为主宰"的动作理念，要充分地表达出以腰带身、以身带剑、以剑领神之身械协调和剑法、剑力贯穿一气的韵味。传统杨式太极剑在演练过程中注重身法的变化是精髓，强调步法的变化是主宰，突出剑法的变化是形式，体现剑力是关键。传统杨式太极剑和传统杨式太极拳一样对于身法要求是"身躯宜中正而不倚，脊梁与尾闾，宜垂直而不偏；但遇开合变化时，有含胸拔背、沉肩转腰之活动"。所以身法的正确与否，对整套动作的演练，以及更好的体现传统杨式太极剑的风韵起到相当重要的作用。身法是诸多动作要领中的要领，是我们正确领会、掌握传统杨式太极剑的第一要素，是精髓。"下盘稳固，上盘轻灵"是前辈们对于练习太极拳、剑对于步法变化的概括性的要求。

步法的变化在传统杨式太极拳剑套路的演练过程中起到非常重要的作用。无论是弓步、虚步、上步、退步、独立步乃至跳步，都是在心态平稳的状态下表现出来，动中寓静，静中寓动，动静相间，神形兼备。腰髋的松沉，重心的稳固，迈步的轻灵，虚实的变化，都是在步法的变化中充分地体现出来。以身法的变化，带动步法的演变，同时又以稳健的步法衬托出剑法变化的精髓。

传统杨式太极剑是剑法与身法、步法的综合体现。传统杨式太极剑的套路，剑法的变化形式是层出不尽的，在演练过程中要充分顾及到剑器的器械特点，以及剑法变化的动作规矩，这是不可轻视的。"剑无缠头"的武术动作谚语，就充分地说明了这个观念。

传统杨式太极拳用意，不用力，不用拙力。同样传统杨式太极剑不仅有身法的变化、步法的协调、剑法的演变，更要具备剑力的体现。也就是传统杨式太极拳"劲儿"的表达。不同的剑法结合步法的变化，在腰身的带动下，就有不同的剑力表现，体现在剑器的何种位置，是剑尖，还是剑身的某一段，还是在剑首，均要细细体味。身法、步法、剑法的协调到位，剑力的体现尤其显得重要，也是动作完成质量好坏的关键。单纯的追求剑力，动作只能是僵化的、呆板的、笨拙的。没有"三法"的协调，就不可能出现好的剑力体现。所以，身法、步法、剑法、剑力在演练的过程中，是相辅相成的、协调的综合表现。要想达到如此纯青的地步，只有通过不断的磨练、体会，这也体现出"密在揣摩"拳理的奥秘。

传统杨式太极剑的剑术套路不仅具有竞技、观赏功能，由于套路动作柔和缓慢、圆活连贯，强调以意带动、身剑合一的运动风格，因此，它的健身功能具有广泛的适应性，适宜不同年龄、性

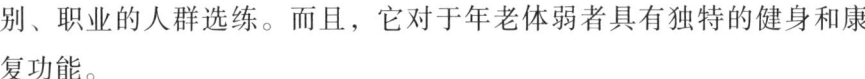

别、职业的人群选练。而且，它对于年老体弱者具有独特的健身和康复功能。

传统杨式太极剑的剑术套路，基本上是以刺、劈、斩、截、点、撩、架、崩、挂等柔中寓刚的剑法，结合弓步、歇步、虚步、坐步等步型，以及稳健流畅的步法、潇洒飘逸的跳跃动作、精准突出的剑力体现，构成了套路的演练形式。因此，通过传统杨式太极剑术的锻炼，不仅可以培养练习者的柔韧性、协调性、灵活性等身体素质，而且对练习者的神经系统、运动系统、呼吸系统以及机体的代谢能力都有较好的促进作用。

通过传统杨式太极剑术的锻炼，可以使我们更好地了解、掌握各种剑法及套路动作。传统杨式太极剑的剑术清晰、流畅，具有姿势优美、身法矫健、剑法多变、刚柔相济、富于韵律的运动特点，不仅可以锻炼身体，还能够使练习者身心均得到健康发展。

第二章 传统杨式太极剑套路

Chuan tong yang shi tai ji jian tao lu

一、杨式太极剑动作名称

1. 预备势	2. 起势	3. 三环套月	4. 大魁星
5. 燕子抄水	6. 右拦扫	7. 左拦扫	8. 小魁星
9. 燕子入巢	10. 灵猫扑鼠	11. 凤凰抬头	12. 黄蜂入洞
13. 凤凰右展翅	14. 小魁星	15. 凤凰左展翅	16. 等鱼式
17. 右龙行式	18. 左龙行式	19. 右龙行式	20. 宿鸟投林
21. 乌龙摆尾	22. 青龙出水	23. 风卷荷叶	24. 右狮子摇头
25. 左狮子摇头	26. 右狮子摇头	27. 虎抱头	28. 野马跳涧
29. 勒马式	30. 指南针	31. 左迎风掸尘	32. 右迎风掸尘
33. 左迎风掸尘	34. 顺水推舟	35. 流星赶月	36. 天马飞瀑
37. 挑帘式	38. 左车轮式	39. 右车轮式	40. 燕子衔泥
41. 大鹏展翅	42. 海底捞月	43. 怀中抱月	44. 哪吒探海
45. 犀牛望月	46. 射雁式	47. 青龙献爪	48. 凤凰双展翅
49. 左跨拦	50. 右跨拦	51. 射雁式	52. 白猿献果
53. 右落花式	54. 左落花式	55. 右落花式	56. 左落花式
57. 右落花式	58. 玉女穿梭	59. 白虎搅尾	60. 鱼跳龙门
61. 左乌龙绞柱	62. 右乌龙绞柱	63. 仙人指路	64. 朝天一炷香
65. 风扫梅花	66. 牙笏式	67. 抱剑归原	68. 收势

二、杨式太极剑套路图解

第一式　预备势 yu bei shi

教学口令：

1. 并步抱剑 bing bu bao jian（图1-1）
2. 两脚开立 liang jiao kai li（图1-2背、图1-3背）
3. 开步抱剑 kai bu bao jian（图1-4）

图1-1

图1-2背

图1-3背

图1-4

第二式　起势qi shi

教学口令：

1. 两臂前举 liang bi qian ju（图2-1）
2. 双臂分展 shuang bi fen zhan（图2-2）
3. 双臂环绕 shuang bi huan rao（图2-3）
4. 开步背剑 kai bu bei jian（图2-4）

图2-1

图2-2

图2-3

图2-4

第三式 三环套月 san huan tao yue

教学口令：

1. 扣脚举剑 kou jiao ju jian（图3-1）
2. 迈步举手 mai bu ju shou（图3-2）
3. 转体屈臂 zhuan ti qu bi（图3-3）

图3-1

图3-2

图3-3

14

4. 弓步前指 gong bu qian zhi（图3-4、图3-4正）

5. 转体提剑 zhuan ti ti jian（图3-5）

图3-4

图3-4正

图3-5

6. 虚步出剑 xu bu chu jian（图3-6、图3-6正）

7. 垫步分手 dian bu fen shou（图3-7 ）

图3-6

图3-6正

图3-7

8. 迈步双展 mai bu shuang zhan（图3-8）

9. 弓步接剑 gong bu jie jian（图3-9、图3-9正）

图3-8

图3-9

图3-9正

第四式　大魁星 da kui xing

教学口令:

1. 扣脚转体 kou jiao zhuan ti（图4-1）
2. 跟步抽剑 gen bu chou jian（图4-2）

图4-1

图4-2

3. 转体反撩 zhuan ti fan liao（图4-3）

4. 立身崩剑 li shen beng jian（图4-4）

5. 独立反刺 du li fan ci（图4-5）

图4-3

图4-4

图4-5

第五式　燕子抄水 yan zi chao shui

教学口令：

1. 迈步劈剑 mai bu pi jian（图5-1）
2. 转体扫剑 zhuan ti sao jian（图5-2、图5-3）

图5-1

图5-2

3. 弓步削剑 gong bu xiao jian（图5-4）

图5-3

图5-4

第六式　右拦扫 you lan sao

教学口令：

1. 转体举剑 zhuan ti ju jian（图6-1）
2. 迈步立剑 mai bu li jian（图6-2、图6-2正）

图6-1

图6-2　　　　　　　　　　　　　图6-2正

3. 弓步平扫 gong bu ping sao（图6-3、图6-3正）

图6-3

图6-3正

第七式　左拦扫 zuo lan sao

教学口令：

1. 转体右扫 zhuan ti you sao（图7-1）
2. 迈步扫剑 mai bu sao jian（图7-2）

图7-1

图7-2

3. 迈步摆剑 mai bu bai jian（图7-3）

4. 弓步左扫 gong bu zuo sao（图7-4、图7-4正）

图7-3

图7-4

图7-4正

第八式 小魁星 xiao kui xing

教学口令：

1. 转体举剑 zhuan ti ju jian（图8-1）
2. 迈步立剑 mai bu li jian（图8-2）

图8-1

图8-2

3. 转体抽剑 zhuan ti chou jian（图8-3）

4. 展脚抽剑 zhan jiao chou jian（图8-4）

5. 虚步反撩 xu bu fan liao（图8-5）

图8-3

图8-4

图8-5

第九式　燕子入巢 yan zi ru chao

教学口令：

1. 提膝举剑 ti xi ju jian（图9-1）
2. 转体分手 zhuan ti fen shou（图9-2）
3. 弓步下刺 gong bu xia ci（图9-3、图9-3正）

图9-1

图9-2

图9-3

图9-3正

第十式　灵猫扑鼠 ling mao pu shu

教学口令:

1. 独立盘收 du li pan shou （图10-1、图10-1正）

2. 独立侧蹬 du li ce deng （图10-2）

3. 垫步捧剑 dian bu peng jian （图10-3）

图10-1

图10-1正

图10-2

图10-3

4. 弓步下刺 gong bu xia ci（图10-4）

5. 跳步提剑 tiao bu ti jian（图10-5～图10-8）

6. 弓步下刺 gong bu xia ci（图10-9、图10-9正）

图10-4　　　　　　　　　　图10-5

图10-6　　　　　　　　　　图10-7

图10-8

图10-9

图10-9正

第十一式　凤凰抬头 feng huang tai tou

教学口令：

1. 坐步抽剑 zuo bu chou jian（图11-1、图11-1正）
2. 弓步上刺 gong bu shang ci（图11-2、图11-2正）

图11-1　　　　　　　　　　　　　图11-1正

图11-2　　　　　　　　　　　　　图11-2正

第十二式　黄蜂入洞 huang feng ru dong

教学口令：

1. 转体带剑 zhuan ti dai jian（图12-1）
2. 迈步提剑 mai bu ti jian（图12-2）
3. 转体平展 zhuan ti ping zhan（图12-3）

图12-1

图12-2

图12-3

4. 迈步合手 mai bu he shou（图12-4）

5. 侧弓抽剑 ce gong chou jian（图12-5、图12-5正）

图12-4

图12-5

图12-5正

6. 扣脚转体 kou jiao zhuan ti（图12-6）

7. 迈步分手 mai bu fen shou（图12-7）

8. 弓步下刺 gong bu xia ci（图12-8）

图12-6

图12-7

图12-8

第十三式 凤凰右展翅 feng huang you zhan chi

教学口令：

1. 扣脚绕剑 kou jiao rao jian（图13-1）
2. 迈步立剑 mai bu li jian（图13-2）

图13-1

图13-2

3. 转体旋臂 zhuan ti xuan bi（图13-3）

4. 弓步削剑 gong bu xiao jian（图13-4）

图13-3

图13-4

第十四式　小魁星 xiao kui xing

教学口令：

1. 转体举剑 zhuan ti ju jian（图14-1）
2. 迈步立剑 mai bu li jian（图14-2）

图14-1

图14-2

3. 转体抽剑 zhuan ti chou jian（图14-3）

4. 展脚抽剑 zhan jiao chou jian（图14-4）

5. 虚步反撩 xu bu fan liao（图14-5）

图14-3

图14-4

图14-5

第十五式　凤凰左展翅 feng huang zuo zhan chi

教学口令：

1. 提膝举剑 ti xi ju jian（图15-1）
2. 转体迈步 zhuan ti mai bu（图15-2）

图15-1

图15-2

3. 弓步左掤 gong bu zuo peng（图15-3、图15-3正）

图15-3

图15-3正

第十六式　等鱼式deng yu shi

教学口令：

1. 转体合手 zhuan ti he shou（图16-1、图16-1正）
2. 虚步反截 xu bu fan jie（图16-2、图16-2正）

图16-1

图16-1正

图16-2

图16-2正

第十七式　右龙行式 you long xing shi

教学口令：

1. 迈步翻手mai bu fan shou（图17–1、图17–1正）
2. 弓步右带 gong bu you dai（图17–2、图17–2正）

图17–1

图17–1正

图17–2

图17–2正

第十八式　左龙行式 zuo long xing shi

教学口令：

1. 转体右带 zhuan ti you dai （图18-1）
2. 迈步左带 mai bu zuo dai （图18-2、图18-2正）

图18-1

图18-2

图18-2正

3. 弓步引剑 gong bu yin jian（图18-3、图18-3正）

图18-3

图18-3正

第十九式　右龙行式 you long xing shi

教学口令：

1. 转体左带 zhuan ti zuo dai（图19-1）
2. 迈步翻手 mai bu fan shou（图19-2、图19-2正）

图19-1

图19-2

图19-2正

3. 弓步引剑 gong bu yin jian（图19-3、图19-3正）

图19-3

图19-3正

第二十式　宿鸟投林 su niao tou lin

教学口令：

1. 提脚引剑 ti jiao yin jian（图20-1）
2. 撤步引剑 che bu yin jian（图20-2）
3. 虚步抱剑 xu bu bao jian（图20-3）

图20-1

图20-2

图20-3

4. 转体垫步 zhuan ti dian bu（图20-4）

5. 弓步引剑 gong bu yin jian（图20-5）

6. 独立上刺 du li shang ci（图20-6、图20-6正）

图20-4

图20-5

图20-6

图20-6正

第二十一式　乌龙摆尾 wu long bai wei

教学口令：

1. 撤步上刺 che bu shang ci（图21-1）
2. 转体带剑 zhuan ti dai jian（图21-2）

图21-1

图21-2

3. 弓步摆剑 gong bu bai jian（图21-3）

4. 虚步下截 xu bu xia jie（图21-4、图21-4正）

图21-3

图21-4   图21-4正

第二十二式　青龙出水 qing long chu shui

教学口令：

1. 转体提剑 zhuan ti ti jian（图22-1）
2. 迈步裹剑 mai bu guo jian（图22-2、图22-2正）
3. 弓步上刺 gong bu shang ci（图22-3）

图22-1

图22-2

图22-2正

图22-3

第二十三式　风卷荷叶 feng juan he ye

教学口令：

1. 扣脚绕剑 kou jiao rao jian（图23-1）
2. 迈步抽剑 mai bu chou jian（图23-2）

图23-1

图23-2

3. 转体平扫 zhuan ti ping sao（图23-3）

4. 弓步调脚 gong bu tiao jiao（图23-4、图23-4正）

图23-3

图23-4

图23-4正

第二十四式　右狮子摇头 you shi zi yao tou

教学口令：

1. 坐步举剑 zuo bu ju jian（图24-1）
2. 右转立剑 you zhuan li jian（图24-2）

图24-1

图24-2

3. 转体抽剑 zhuan ti chou jian（图24-3）

4. 回身撩剑 hui shen liao jian（图24-4）

5. 左转举剑 zuo zhuan ju jian（图24-5）

图24-3

图24-4

图24-5

第二十五式　左狮子摇头 zuo shi zi yao tou

教学口令:

1. 退步举剑 tui bu ju jian（图25-1）
2. 坐步立剑 zuo bu li jian（图25-2）

图25-1

图25-2

3. 坐步横剑 zuo bu heng jian（图25-3）

4. 坐步撩剑 zuo bu liao jian（图25-4）

图25-3

图25-4

第二十六式　右狮子摇头 you shi zi yao tou

教学口令：

1. 坐步举剑 zuo bu ju jian（图26-1）
2. 右转立剑 you zhuan li jian（图26-2）

图26-1

图26-2

3. 转体抽剑 zhuan ti chou jian（图26-3）

4. 回身撩剑 hui shen liao jian（图26-4）

5. 左转举剑 zuo zhuan ju jian（图26-5）

图26-3

图26-4

图26-5

第二十七式　虎抱头 hu bao tou

教学口令：

1. 退步立剑 tui bu li jian（图27-1）
2. 退步横剑 tui bu heng jian（图27-2）

图27-1

图27-2

3. 转体扫剑 zhuan ti sao jian（图27-3）

4. 垫步平带 dian bu ping dai（图27-4）

5. 虚步捧剑 xu bu peng jian（图27-5）

图27-3

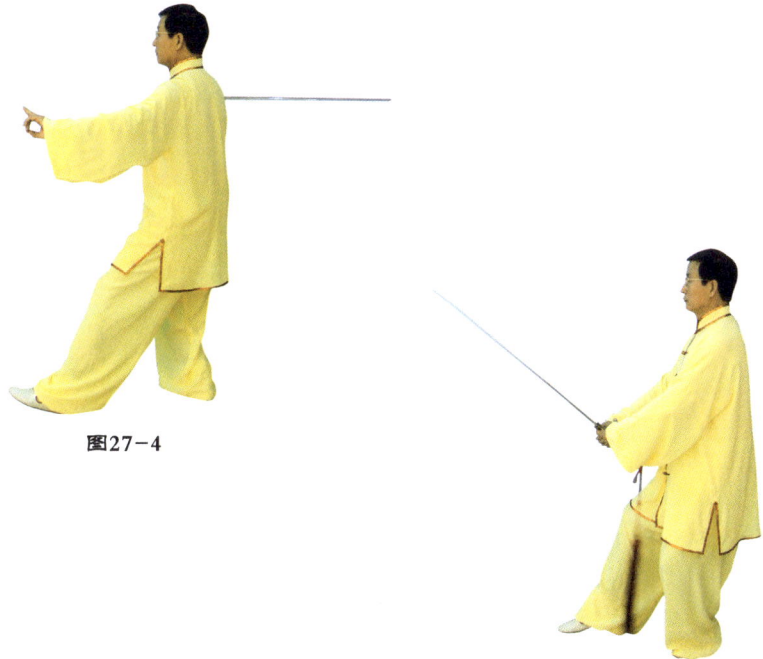

图27-4

图27-5

第二十八式 野马跳涧 ye ma tiao jian

教学口令：

1. 独立盘收 du li pan shou（图28-1）
2. 独立侧蹬 du li ce deng（图28-2）
3. 垫步捧剑 dian bu peng jian（图28-3）
4. 弓步下刺 gong bu xia ci（图28-4）

图28-1

图28-2

图28-3

图28-4

5. 跳步提剑 tiao bu ti jian（图28-5~图28-7）

6. 垫步捧剑 dian bu peng jian（图28-8）

7. 弓步下刺 gong bu xia ci（图28-9）

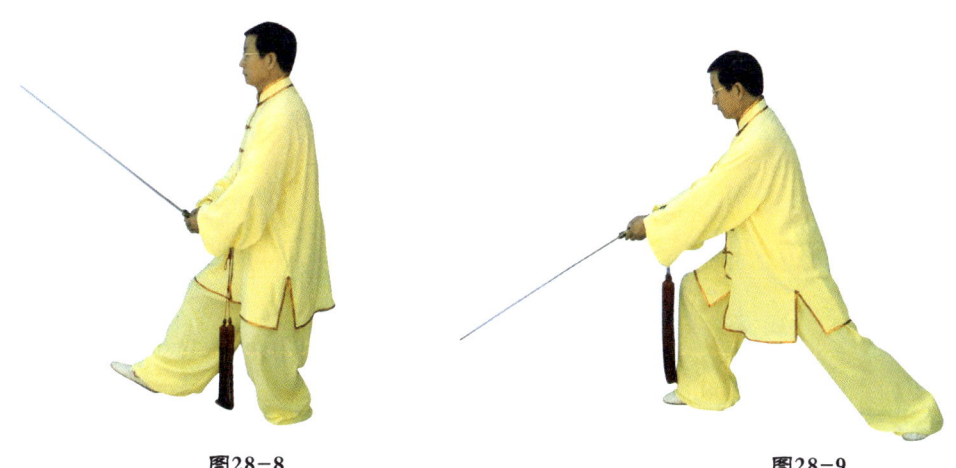

图28-5

图28-6

图28-7

图28-8

图28-9

第二十九式　勒马式 lei ma shi

教学口令：

1. 扣转翻手 kou zhuan fan shou （图29-1）
2. 垫步平抽 dian bu ping chou （图29-2、图29-3）

图29-1

图29-2

图29-3

3. 撤步平抽 che bu ping chou（图29-4）

4. 虚步捧剑 xu bu peng jian（图29-5）

图29-4

图29-5

第三十式　指南针 zhi nan zhen

教学口令:

1. 垫步捧剑 dian bu peng jian（图30-1）
2. 并步平刺 bing bu ping ci（图30-2）

图30-1

图30-2

第三十一式　左迎风掸尘 zuo ying feng dan chen

教学口令：

1. 转体带剑 zhuan ti dai jian（图31-1）
2. 迈步平扫 mai bu ping sao（图31-2）

图31-1

图31-2

3. 转体展剑 zhuan ti zhan jian（图31-3）

4. 弓步击剑 gong bu ji jian（图31-4、图31-4正）

图31-3

图31-4

图31-4正

第三十二式 右迎风掸尘 you ying feng dan chen

教学口令：

1. 转体带剑 zhuan ti dai jian （图32-1）

2. 迈步展剑 mai bu zhan jian （图32-2）

3. 弓步击剑 gong bu ji jian （图32-3）

图32-1

图32-2

图32-3

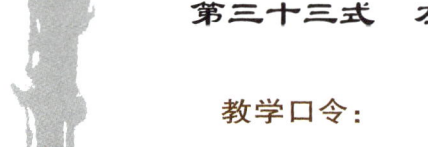
第三十三式　左迎风掸尘 zuo ying feng dan chen

教学口令:

1. 转体带剑 zhuan ti dai jian（图33-1）
2. 迈步平扫 mai bu ping sao（图33-2）

图33-1

图33-2

3. 转体展剑 zhuan ti zhan jian（图33-3）

4. 弓步击剑 gong bu ji jian（图33-4、图33-4正）

图33-3

图33-4

图33-4正

第三十四式 顺水推舟 shun shui tui zhou

教学口令:

1. 扣转绕剑 kou zhuan rao jian（图34-1）
2. 迈步立剑 mai bu li jian（图34-2）

图34-1

图34-2

3. 转体抽剑 zhuan ti chou jian（图34-3）

4. 弓步立剑 gong bu li jian（图34-4）

5. 扣转崩剑 kuo zhuan beng jian（图34-5）

6. 弓步反刺 gong bu fan ci（图34-6）

图34-3

图34-4

图34-5

图34-6

第三十五式　流星赶月 liu xing gan yue

教学口令：

1. 扣转合手 kou zhuan he shou（图35-1）
2. 迈步平抽 mai bu ping chou（图35-2）
3. 弓步平劈 gong bu ping pi（图35-3）

图35-1　　　　　　　　　　　　　图35-2

图35-3

第三十六　天马飞瀑 tian ma fei pu

教学口令：

1. 转体带剑 zhuan ti dai jian（图36-1）
2. 盖步带剑 gai bu dai jian（图36-2）
3. 坐盘压剑 zuo pan ya jian（图36-3）

图36-1

图36-2

图36-3

4. 垫步反撩 dian bu fan liao（图36-4）

5. 转体举剑 zhuan ti ju jian（图36-5）

6. 虚步点剑 xu bu dian jian（图36-6）

图36-4

图36-5

图36-6

第三十七式　挑帘式 tiao lian shi

教学口令：

1. 转体举剑 zhuan ti ju jian（图37-1）
2. 迈步抽剑 mai bu chou jian（图37-2）
3. 屈蹲平扫 qu dun ping sao（图37-3）
4. 独立平托 du li ping tuo（图37-4）

图37-1

图37-2

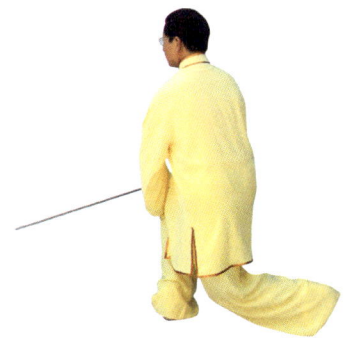

图37-3

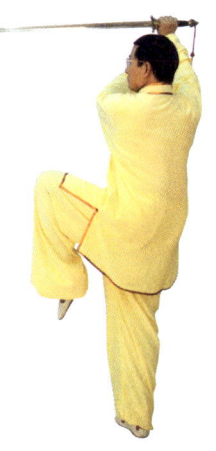

图37-4

第三十八式　左车轮式 zuo che lun shi

教学口令：

1. 垫步反刺 dian bu fan ci（图38-1）
2. 转体挂剑 zhuan ti gua jian（图38-2）
3. 迈步举剑 mai bu ju jian（图38-3）
4. 弓步平劈 gong bu ping pi（图38-4）

图38-1

图38-2

图38-3

图38-4

第三十九式　右车轮式 you che lun shi

教学口令：

1. 坐步抽剑 zuo bu chou jian（图39-1）
2. 转体反撩 zhuan ti fan liao（图39-2）
3. 垫步举剑 dian bu ju jian（图39-3）
4. 虚步抡劈 xu bu lun pi（图39-4）

图39-1

图39-2

图39-3

图39-4

第四十式　燕子衔泥 yan zi xian ni

教学口令：

1. 迈步立剑 mai bu li jian（图40-1）
2. 弓步削剑 gong bu xiao jian（图40-2、图40-3、图40-3正）

图40-1

图40-2

图40-3

图40-3正

第四十一式　大鹏展翅 da peng zhan chi

教学口令：

● **转体前指** zhuan ti qian zhi（图41-1、图41-1正）

图41-1

图41-1正

第四十二式　海底捞月 hai di lao yue

教学口令：

1. **转体立剑** zhuan ti li jian （图42-1、图42-1正 ）
2. **迈步撩掌** mai bu liao zhang （图42-2）

图42-1

图42-1正

图42-2

3. 转体抽剑 zhuan ti chou jian（图42-3）

4. 迈步抽剑 mai bu chou jian（图42-4）

5. 弓步反撩 gong bu fan liao（图42-5）

图42-3

图42-4

图42-5

第四十三式　怀中抱月 huai zhong bao yue

教学口令：

1. 撤步引剑 che bu yin jian（图43-1）
2. 转体带剑 zhuan ti dai jian（图43-2）
3. 虚步抱剑 xu bu bao jian（图43-3）

图43-1

图43-2

图43-3

第四十四式　哪吒探海 ne zha tan hai

教学口令：

1. 垫步抱剑 dian bu bao jian（图44-1）
2. 独立下刺 du li xia ci（图44-2、图44-2正）

图44-1

图44-2

图44-2正

第四十五式　犀牛望月 xi niu wang yue

教学口令：

1. 迈步落手 mai bu luo shou（图45-1）
2. 转体平举 zhuan ti ping ju（图45-2）
3. 弓步平抽 gong bu ping chou（图45-3）

图45-1

图45-2

图45-3

第四十六式　射雁式 she yan shi

教学口令：

1. 跟步点剑 gen bu dian jian（图46-1）
2. 转体抽剑 zhuan ti chou jian（图46-2）
3. 虚步藏剑 xu bu cang jian（图46-3）

图46-1

图46-2

图46-3

第四十七式　青龙献爪 qing long xian zhao

教学口令：

1. 垫步分手 dian bu fen shou（图47-1）
2. 并步平刺 bing bu ping ci（图47-2）

图47-1

图47-2

第四十八式　凤凰双展翅 feng huang shuang zhan chi

教学口令：

1. 转体绕剑 zhuan ti rao jian（图48-1 ）
2. 迈步立剑 mai bu li jian（图48-2 ）
3. 转体翻手 zhuan ti fan shou（图48-3 ）
4. 弓步双展 gong bu shuang zhan（图48-4 ）

图48-1

图48-2

图48-3

图48-4

第四十九式　左跨拦 zuo kua lan

教学口令:

1. 盖步下刺 gai bu xia ci（图49-1、图49-1正）
2. 转体举剑 zhuan ti ju jian（图49-2）

图49-1

图49-1正

图49-2

3. 迈步翻手 mai bu fan shou（图49-3、图49-3正）

4. 弓步左拦 gong bu zuo lan（图49-4．图49-4正）

图49-3

图49-3正

图49-4

图49-4正

第五十式　右跨拦 you kua lan

教学口令：

1. 坐步展剑 zuo bu zhan jian（图50-1、图50-1正）

图50-1

图50-1正

2. 盖步横剑 gai bu heng jian（图50-2）

3. 转体横剑 zhuan ti heng jian（图50-3）

4. 迈步平扫 mai bu ping sao（图50-4）

5. 弓步拦剑 gong bu lan jian（图50-5）

图50-2

图50-3

图50-4

图50-5

第五十一式　射雁式 she yan shi

教学口令：

1. 跟步点剑 gen bu dian jian（图51-1）
2. 转体抽剑 zhuan ti chou jian（图51-2）
3. 虚步藏剑 xu bu cang jian（图51-3、图51-3正）

图51-1

图51-2

图51-3

图51-3正

第五十二式　白猿献果 bai yuan xian guo

教学口令：

1. 垫步平撑 dian bu ping cheng（图52-1）
2. 转体撑掌 zhuan ti cheng zhang（图52-2）
3. 虚步捧剑 xu bu peng jian（图52-3）

图52-1

图52-2

图52-3

第五十三式　右落花式 you luo hua shi

教学口令：

1. 虚步带剑 xu bu dai jian（图53-1）
2. 退步带剑 tui bu dai jian（图53-2）
3. 退步翻手 tui bu fan shou（图53-3）
4. 虚步右带 xu bu you dai（图53-4）

图53-1

图53-2

图53-3

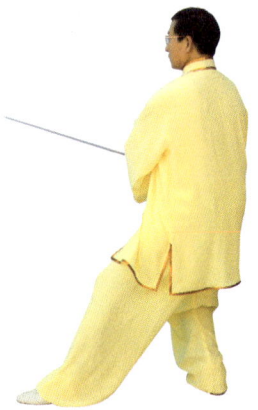

图53-4

第五十四式　左落花式 zuo luo hua shi

教学口令：

1. 退步裹剑 tui bu guo jian（图54-1、图54-1正）
2. 转体反刺 zhuan ti fan ci（图54-2）
3. 虚步抱剑 xu bu bao jian（图54-3）

图54-1

图54-1正

图54-2

图54-3

第五十五式　右落花式 you luo hua shi

教学口令：

1. 退步带剑 tui bu dai jian（图55-1）
2. 转体翻手 zhuan ti fan shou（图55-2）
3. 虚步右带 xu bu you dai（图55-3）

图55-1

图55-2

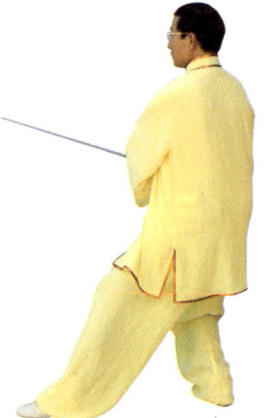

图55-3

第五十六式　左落花式 zuo luo hua shi

教学口令：

1. 退步裹剑 tui bu guo jian（图56-1、图56-1正）
2. 转体反刺 zhuan ti fan ci（图56-2）
3. 虚步抱剑 xu bu bao jian（图56-3）

图56-1

图56-1正

图56-2

图56-3

第五十七式　右落花式 you luo hua shi

教学口令：

1. 退步带剑 tui bu dai jian（图57-1）
2. 转体翻手 zhuan ti fan shou（图57-2）
3. 虚步右带 xu bu you dai（图57-3）

图57-1

图57-2

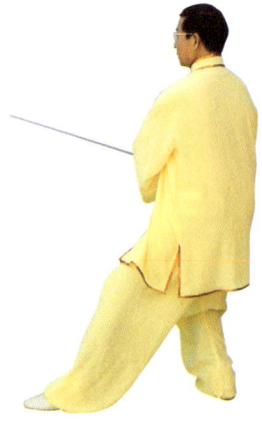

图57-3

五十八式　玉女穿梭 yu nü chuan suo

教学口令：

1. 扣转裹剑 kou zhuan guo jian（图58-1）
2. 弓步下刺 gong bu xia ci（图58-2）

图58-1

图58-2

第五十九式　白虎搅尾 bai hu jiao wei

教学口令：

1. 扣转举剑 kou zhuan ju jian（图59-1）
2. 迈步立剑 mai bu li jian（图59-2）

图59-1

图59-2

3. 转体抽剑 zhuan ti chou jian（图59-3）

4. 弓步崩剑 gong bu beng jian（图59-4）

5. 转体前指 zhuan ti qian zhi（图59-5）

图59-3

图59-4

图59-5

第六十式　鱼跳龙门 yu tiao long men

教学口令：

1. 转体收脚 zhuan ti shou jiao（图60-1）
2. 独立盘收 du li pan shou（图60-2）

图60-1

图60-2

3. 独立侧蹬 du li ce deng（图60-3）

4. 垫步捧剑 dian bu peng jian（图60-4）

5. 弓步下刺 gong bu xia ci（图60-5）

图60-3　　　　　　　　　图60-4

图60-5

6. 跳步提剑 tiao bu ti jian（图60-6、图60-7）

7. 垫步捧剑 dian bu peng jian（图60-8）

8. 弓步下刺 gong bu xia ci（图60-9）

图60-6

图60-7

图60-8

图60-9

第六十一式　左乌龙绞柱 zuo wu long jiao zhu

教学口令：

1. 转体举剑 zhuan ti ju jian （图61-1）
2. 迈步立剑 mai bu li jian （图61-2）

图61-1

图61-2

第六十二式　右乌龙绞柱 you wu long jiao zhu

教学口令：

1. 转体抽剑 zhuan ti chou jian（图62-1）
2. 转体举剑 zhuan ti ju jian（图62-2）
3. 迈步劈剑 mai bu pi jian（图62-3）

图62-1　　　　　　　　　　　　图62-2

图62-3

第六十三式　仙人指路 xian ren zhi lu

教学口令：

1. 转体撩掌 zhuan ti liao zhang（图63-1）
2. 举手裹剑 ju shou guo jian（图63-2）
3. 弓步下刺 gong bu xia ci（图63-3）

图63-1　　　　　　　　　　　图63-2

图63-3

111

第六十四式　朝天一炷香 chao tian yi zhu xiang

教学口令：

1. 扣转落手 kuo zhuan luo shou（图64-1）
2. 迈步平举 mai bu ping ju（图64-2）
3. 弓步立剑 gong bu li jian（图64-3）

图64-1

图64-2　　　　　　　　　图64-3

第六十五式　风扫梅花 feng sao mei hua

教学口令：

1. 扣转横剑 kuo zhuan heng jian（图65-1）
2. 垫步平扫 dian bu ping sao（图65-2）
3. 转体平扫 zhuan ti ping sao（图65-3）

图65-1

图65-2

图65-3

4. 垫步扫剑 dian bu sao jian（图65-4）

5. 转体平扫 zhuan ti ping sao（图65-5）

6. 转体平展 zhuan ti ping zhan（图65-6）

7. 虚步捧剑 xu bu peng jian（图65-7）

图65-4

图65-5

图65-6

图65-7

第六十六式　牙笏式 ya hu shi

教学口令：

1. 垫步捧剑 dian bu peng jian（图66-1）
2. 开步捧剑 kai bu peng jian（图66-2）

图66-1

图66-2

第六十七式　抱剑归原 bao jian gui yuan

教学口令：

1. 开步抱剑 kai bu bao jian（图67-1）
2. 开步双展 kai bu shuang zhan（图67-2）
3. 开步旋臂 kai bu xuan bi（图67-3）
4. 开步背剑 kai bu bei jian（图67-4）

图67-1　　　　　　　图67-2

图67-3　　　　　　　图67-4

第六十八式　收势 shou shi

教学口令：

● 并步背剑 bing bu bei jian（图68-1、图68-2）

图68-1

图68-2

如需进一步了解更多
信息，请扫描微信二维码
观看成套动作视频。

图书在版编目（CIP）数据

图说杨式太极剑 / 崔仲三编著；崔毅士亲授. – 北京：人民体育出版社，2018
ISBN 978-7-5009-5406-4

Ⅰ．①图… Ⅱ．①崔… ②崔… Ⅲ．①剑术（武术）–中国–图解 Ⅳ．①G852.24–64

中国版本图书馆 CIP 数据核字（2018）第 162906 号

*

人民体育出版社出版发行
北京中科印刷有限公司印刷
新　华　书　店　经　销

*

787×960　16 开本　　8.25 印张　　112 千字
2018 年 8 月第 1 版　　2018 年 8 月第 1 次印刷
印数：1—3,000 册

*

ISBN 978-7-5009-5406-4
定价：43.00 元

社址：北京市东城区体育馆路 8 号（天坛公园东门）
电话：67151482（发行部）　　　邮编：100061
传真：67151483　　　　　　　　邮购：67118491
网址：www.sportspublish.cn
（购买本社图书，如遇有缺损页可与邮购部联系）